ORIENTADA A STEIN

ORIENTADA A STEIN

María Salgado

Título: *Orientada a Stein*
Colección la menuda, n.º 1
Primera edición: abril, 2024
Segunda edición, revisada y ampliada: noviembre, 2024

© María Salgado
© de esta edición: Disbauxa Editorial
Diseñado y maquetado por Disbauxa Editorial

ISBN: 978-84-129358-2-0
Depósito legal: B 21461-2024
IBIC: DCF | Thema: DCF
58 páginas, 12×15 cm

Somos **Disbauxa Editorial**
Estamos en Barcelona
editorial@disbauxa.es | www.disbauxa.es | @disbauxa.editorial

Esto tampoco es un prólogo, es un deseo.

María Salgado abre esta nueva colección de Disbauxa, «la menuda». Y, al contrario de lo que pueda parecer, «la menuda» es «la más grande».

Es una colección que nace, como muchas cosas en la vida, gracias a las amigas y a las amigas de las amigas. Es una serie de joyas editoriales, pequeñas, limitadas y valiosas. Perlas de la otredad que no caben en una etiqueta concreta, pero que, al igual que nuestras identidades, se merecen estar al frente y ser visibles.

Orientada a Stein es belleza pensada, hablada y escrita. Es un texto que merece ser devorado y degustado lentamente para dejarse atravesar por su carga política, para *corromperse*, como propone la autora.

Gertrude Stein disparó sobre la convención de separar el lenguaje hablado del lenguaje escrito. María Salgado recogió los destellos de este impacto para hacer brillar su propio trabajo y continuar girando alrededor de esto que llamamos «escritura y oralidad».

Y todo esto, amigas... Todo esto es la esencia de Disbauxa y que continúa en esta segunda edición, revisada por la autora y ampliada con un nuevo texto, una nueva *gota* en el *océano* que es Gertrude Stein.

Las editoras
Barcelona, abril de 2024 / noviembre de 2024

De todas las poetas que leí, Gertrude Stein es la que más secreta y abiertamente me mostró la ruptura de la falsa división entre escritura y oralidad, que, de ser, son, una cinta de moebius. Si la lengua es el agua o, mejor dicho, las aguas, y la poesía es el mar que contiene todas esas corrientes, Stein es el océano que contiene la poesía que contiene el lenguaje todo y toda. Todxs lxs poetas que en el siglo siguieron a Stein me gustan, Helmut Heissenbüttel por ejemplo. También me gustan mucho otrxs poetas de otros estilos, como Néstor Perlongher, de cuyo *Cadáveres* hice un pequeño *remake* o calco sonoro o traducción a la península de un fragmento que aquí se publica.

María Salgado

soñé que era alumna de Fran MM Cabeza de Vaca

Jara soñó que Esther Jordana era familia de Michael Jordan

Esther Ferrer: una noche soñé que nadaba en una especie de

líquido, como un mar, pero este mar estaba formado por

números, miles de números, pero todos ellos
números primos, *como los sueños*

miles de sueños, pero todos ellos números primos, como
los vínculos, miles de primos, pero todos ellos

primeros hijos, como deícticos, miles de dípticos, pero
todos ellos dobles primicias, como mellizas

cifras de   me leí anoche tu libro

      me gustó lo que más que tiene relación con

o sea, todo lo relativo a

salitre

      precisamente tan cerca de   salgado

Hay una trama. Alguien escucha algo impensado o que no le corresponde. Hay un enredo. El enredo se resuelve porque son buenos. Vence al cáncer porque es buena, vence al enemigo porque es buena, vence a la chica envidiosa que no es popular porque además de guapa es buena. Buena significa guapa. Significa agradable. Significa simpática. Guapa significa un personaje. El personaje bueno resuelve el caso. Los amigos para siempre resuelven el caso. El amor resuelve la vida. Problemas gravísimos, vidas banales. Como un cáncer. Como un malentendido. Como una anorexia. Como la fealdad que es una maldad circunstancial y se resuelve en apenas un capítulo. De cero a cien, de cien a cero. Como si en medio la materia de los cuerpos no sufriera variación. Temperatura. Como si como si quiere decir como si nada. La vida como si un paralelepípedo normal. Como si un paralelepípedo bueno. Cuando la teleserie es mejor. Cuando la teleserie es más buena. Cuando la teleserie es puro Balzac o puro Tolstoi.

Cuando es cine. Cuando es la nueva gran novela americana, hay personajes que no son buenos pero sí guapos. Mucho. Hay sus dilemas. Sus dilemas recorren un trecho enorme de trama para espiralarse coreográficamente hacia un final climático. Álgido. Dramático. Drogodependiente. Es la condición humana tan bien narrada. Es tan perfecta la narración, que es la postal de la condición humana, la postal de Hamlet, la postal de un hombre atravesado de deseos pardos apostado en una barra. De una mujer que se desliza por una barra. De un niño que se desliza por un tobogán. De una niña que se desliza por un tobogán y se le ven las ingles de sus bragas. La narración perfecta. La producción perfecta. Los perfectos personajes caracterizados de actriz y actor. Y el placer. De que todo salga tan bien. Tan perfectamente bien. Tan bueno en el sentido de «bueno, qué placer». Todo sale tan bien. Hasta el mal. El mal humano tan pero tan tan bien narrado. Es que es buenísima esta serie. Una obra maestra es

Es mil nueve cero dos. Hay una mujer que duerme con su nieta. Esa mujer que duerme con su nieta dormía con su abuela. Esa nieta que duerme con su abuela dormirá con su nieta en mil nueve cinco nueve. Es mil nueve treinta y seis y hay gente que no hay. Hay muritos. En España era una dictadura en la que se podía entrar y salir perfectamente, dice. El marido de su hermana no sabe dónde hay dos hermanos suyos. Es mil nueve cuatro uno y ahora hay un ciclón que rompe el cielo. No hay nada más que hacer que entrar en cama. No hay nada más que hacer que salir a rezar de la cama. Sale. Nace en mil nueve ochenta y cuatro. Un año antes de mil nueve ochenta y cinco su hija nace. Son los noventa luego. No es nada los noventa, una revolución de nuevos ricos. Yo ya viví en los noventa el 0'7 y los cantautores y mi familia es anarquista y mira, no, ya el primer día vi que no, y todo eso que no es arte, que es política. Que no es cinismo, que entiéndeme, que lo normal. Es mil nueve siete siete y su madre cree que tener consiste en pedir permiso para usar por ejemplo un tocadiscos. Se pone un diente de oro en cuanto tiene dinero para curar uno de carne. Se implanta uno de carne en cuanto se le rompe el de oro porque el diente de oro está ya muy marcado como de dónde vienes. Nunca fue suyo el diente. La cultura. Es mil nueve cinco seis cuando nace. Su marido es de Tánger pero Tánger no era de Marruecos cuando nace. Beben. Con un amigo del barrio de Tetuán que trabaja como chófer para un jeque. Con su mujer y su hija y su novio de su hija y el camarero y su mujer. El oro es de rumanos, dicen. El oro no es de Rumanía, dirían. Ahora es dos mil quince. Hay gente que se va, pero luego extraña la vida social, los amigos, la familia. Yo no me voy. Para sentir que no me echan sino que yo lo elijo. Irme. Sale. En el ochenta y dos el futuro era ilusionante, hoy no me gusta lo que viene. Lo que viene me da miedo. Cuando Pablo Iglesias o Íñigo Errejón pronuncian la frase «no se puede ser demócrata sin ser antifascista», ¿qué significa? Digo de verdad, ¿qué significa? Cuando llega del Brasil el primer baúl del primer cadáver de la primera hermana que trae su primer y último sueldo en el bolsillo. Cuando se escucha la primera vez la música después de la guerra su hijo de su abuela que se mea. Cuando se acerca al molino donde está escondido su hermano de su abuelo que se caga del miedo. Cuando se brota su hermano de su abuelo que lo atan al suelo. Cuando le dice a su madre que es gay y se queda sin ver. No te escucho porque ya estás clasificando. Yo soy una mujer y a mí no sé de qué me estás hablando. No es tan así. Yo vengo de otro mundo, otros valores. No entendéis nada, lo habéis tenido todo. Sólo es un diente, no soy yo. No es un diente solo, sólo soy yo que sufro del performativo. Me avergüenzo de amar. Me avergüenzo de no haber sabido hacerlo. Me avergüenzo de mi escritura. Me avergüenzo del ajuste entre mi vida y la escritura. O pluma. Me avergüenzo de mi pluma. Significarse, tener miedo. No existir o insignificarse. Amar, escribir, significarse, no tener miedo, ¿son un poder etnógrafico, de género, de clase o de lenguaje?

Lo siento, lo siento mucho, pero llego tarde porque. Me miró y empezó a insultarme con palabras muy gruesas que no puedo repetir porque cuando las recuerdo y repito siento mucho dolor y no lo necesito. Lo siento, lo siento mucho, pero lloro porque llego tarde. Me miró y empezó a insultarme con palabras que si escuchas duelen mucho y cuando las repites duelen otra vez y se siente mucho dolor y no lo necesito. Lo siento, lo siento mucho porque lloro. Me miró y empezó a insultarme con palabras que no puedo repetir porque si las digo se me acuerdan y repiten ellas solas como con mucho dolor y no lo necesito. Lo siento mucho, lo siento, lo siento. Me miró y empezó a insultarme con palabras que no puedo recordar porque si las recuerdo y las digo se me repite la escena como con mucho dolor y soy yo la que está haciéndose daño y no lo necesito. Lo siento, lo siento mucho porque dije lo que yo me acordaba. Me miró y empezó a hablarme con palabras que había dicho yo y porque al repetirlas ella eran muy feas siente mucho dolor y no lo necesita. Lo siento, lo siento mucho, me miró y empezó a insultarme porque no necesitaba oír lo que yo me acordaba con palabras muy feas que no puedo repetir porque cuando las digo y repito siente mucho dolor y no lo necesita. Lo siente, lo siente mucho pero no necesita que me acuerde de aquellas palabras tan bestias porque llegan tarde y cuando las dice y repite siente mucho dolor y siente que le gusta y no lo necesita. Lo siente, lo siente mucho pero llega tarde porque ya le han gustado. Me miró y empezó a insultarme con palabras muy sucias que no puedo repetir porque cuando las recuerda y repite siente mucho placer y no quiero que las diga. Lo siente, lo siente mucho y no las quiere ya decir pero llega tarde y cuando las recuerda y repite siente muchísimo placer y eso le disgusta. Mira lo que me haces decir, dice, y llamó a mi madre y mi padre vino y me llevó a casa y tuvieron que preguntarme qué había dicho yo para hacerle a ella tanto disgusto. Lo siento, lo siento mucho, dice, pero llegó tarde y al preguntarle por qué no dijo que. La miré y le hablé bien pero ella no me hablaba con ninguna palabra, que si la escuchas te está desafiando y cuando la consientes sientes mucho temor y no es así como quiero educarla. Lo siento, lo siento mucho, pero llegó y al preguntarle fuerte no dijo que. La miré y le hablé firme pero ella no me hablaba con respeto, que si la ves sin hablar te está insultando y cuando lo permites sientes mucho terror y no es así como puedes controlarla. Lo siento o no lo siento, depende mucho, pero llegó y al preguntarle por qué no dijo que. La miré y le hablé tal vez bien fuerte pero ella no me hablaba, que si la ves se ve que te está en el fondo retando y cuando lo dejas pasar estás perdida y no es así como al final la vences

No se trata de hacer poesía política ni política poetizada, sino de corromperse por derecho y sólo puede corromperse una por el palo de la belleza. El problema de poder y de ganar es corromperse. Sospechar del dinero tiene la facultad de corromper absolutamente. Sospechar de la prosa tiene la facultad de corromper absolutamente. Sospechar del género tiene la facultad de corromper absolutamente. Sospechar del consumo tiene la facultad de corromper absolutamente, el estilo por ejemplo. Estilo es cuerpo. Cuerpo es pluma. Pluma es la correlación de cuerpo, fantasía, sueños, taras, mundo y la escritura. Quien pierde gana. Quien gana pierde. Se escribe como se pierde. Se gana como se habla. Se habla como se balancea el cuerpo al caminar de noche. Se viste como se anda. Sismografía del deseo es pluma. La pluma viene de por dónde te corrompes. De por dónde corrompes el mundo en la escritura viene la pluma. Cuando puedes mucho te corrompes todo o «bastará con decir que el poder absoluto tiene la facultad de corromper absolutamente» y los traidores de la lengua, los pervertidos, los pervertidores de la lengua, los pervertidos que han antepuesto la perdición del dinero al deseo de los placeres sensuales

A veces extraño la literatura, sus metáforas. O una escritura, sus dibujos de opacidad. La posibilidad de que la subjetividad no sea leída en norma. Un realismo en vez de un costumbrismo extraño. Extraño es un desconocido, o irrealismo, deseo en vez de prosa sociológica. La irreductibilidad de las frases de por ejemplo una mujer joven madre soltera desempleada de larga duración con estudios superiores de origen socioeconómico bajo que en un documental muy lacrimógeno mira a la cámara y dice entre lágrimas: pero he adquirido muchos miedos porque tenía poca consciencia del mundo y verlo todo tan claro me tiene todavía aterrada. Estoy cansada. Somos una generación fruto del bienestar y del lujo y acostumbrada a no tener límites, así que hasta que vayamos chocando con ellos no vamos a parar. He aquí un pliegue de la potencia de ingenuidad e impotencia de mundanidad, de la potencia de mundanidad e impotencia de ingenuidad del buenismo, el sentimentalismo y la complacencia de época o burbuja. Una idea del bien tan blanda o burbuja apenas puede dar en literatura. Pero se escribe mucho no obstante.

Pero no es literatura si no parte del mal. Al menos no es Alta Literatura si no parte del Mal, más bien es panfletos del Bien que fingen tratar el tema del Mal. Pero ya no existe el país de la Alta Literatura, en todo caso, su burguesía languidece. El problema es que si no hay literatura no hay maldad. Y si no hay maldad no hay la libertad que nos libera del liberalismo de lo bueno por el cual estamos siempre en desorientación dentro de una escritura en primera persona, a superficie, sin violencia. Y el cuerpo se nos queda como en blanco. Como sin existir en la pelea que se da en el pliegue entre los seres que están visible-inexistiendo y los que están invisible-existiendo, entrecorriendo, transgrediendo una corriente por la zona y no aparecen. No ven o no se ven. El invisible implícito de la ideología es cada día más transparente. Extraño el explícito visible de la opacidad, puesto que, para los dominados, la cuestión no ha sido nunca tomar conciencia de los mecanismos de la dominación, sino crearse un cuerpo consagrado a otra cosa que no sea la dominación. Existir es opacarse hasta la aparición

Su ritmo se mantiene inalterable: se acuesta a las diez, se despierta a las seis, tiene el día resuelto a las doce. Su padre pasó de peón a administrador y llegó a ser propietario. Ahora son las nueve y media y está sentado en un sofá ocre, descalzo. Yo soy errante. Hoy mi lugar es este. Durante años fue Carlos Casares. La de su padre constaba de cuatro empleados y 3.500 hectáreas. Veinticinco años después tenía 900 y 255.000 hectáreas. No soy nostálgico, apegado a las cosas. Tengo una enorme capacidad de adaptación. Si tengo que estar con un rey, estoy con un rey. Si tengo que estar con un tipo de la calle, también. Supongo que, si ahora me llevara por delante un auto y quedara tirado en el piso y tuviera un segundo para pensar algo, creo que sería: «Qué suerte todo lo que hice». No tengo chofer, no uso alhajas ni relojes. No le tengo miedo a la muerte. Hace una pausa, se reclina en la silla, se cruza de brazos. ¿Y a qué otra cosa podría tenerle miedo? No se me ocurre a qué. Es mil nueve nueve seis. No me gusta que me llamen rey. Porque no vivo como un rey,

no me comporto como

un rey. No soy

un rey

     ¿Cocinaste vos?

         Sí. Amo cocinar

              se puede hacer sin tierras, sin capital y sin trabajo. El lujo ya está aquí, solo que no está distribuido muy equitativamente. Como Regla de Varian sostiene que para predecir el futuro solo tenemos que ver lo que ya tienen los ricos y asumir que las clases medias lo tendrán dentro de cinco, y que la gente pobre, dentro de diez años. Apegado a las cosas, no soy nostálgico. Es mil nueve nueve seis. Para pensar algo, creo que sería errante. Hoy mi lugar es este. Su ritmo se mantiene inalterable. Está sentado en un sofá ocre descalzo. Supongo que si ahora su padre pasó de peón a administrador la gente pobre dentro de diez años. No uso alhajas ni relojes, tengo una enorme capacidad de adaptación. Durante años fue un tipo de la calle también y llegó a ser propietario. No soy nostálgico si tengo que. Me gusta que me llamen rey porque lo tendrán dentro de cinco. El lujo ya está aquí, solo que no me comporto como un rey

¿Cocinaste vos?
          Sí. Amo cocinar
                    se puede hacer sin tierras,

sin capital y sin trabajo

¿Cocinaste vos?
          Sí. Amo cocinar
                    se puede hacer sin tierras, sin

capital y sin trabajo

Incluso si ella era una y era una, incluso si ella era una ella estaba cambiando. Ella era una y era entonces como alguna una. Ella era una y ella había entonces venido a ser como alguna otra una. Ella era entonces una y ella había venido entonces a ser como alguna otra una. Ella era entonces una y ella había venido entonces a ser como alguna otra una. Ella era entonces una y ella había venido entonces a ser como una especie de una. Incluso si ella era una siendo una, y ella era una siendo una, ella era una siendo una e incluso si ella era una siendo una ella era una que estaba entonces siendo una especie de una. Incluso si ella era una siendo una y ella estaba siendo una siendo una, incluso si ella era una siendo una ella era una que había venido a ser una de otra especie de una

Ya no hay mujeres como las de antes. Ni en el cine, ni fuera de él. Mujeres que pisaban fuerte y sentías temblar el suelo a su paso. Mujeres de bandera que ir a ver. Ir a ver mujeres, reverte. Ir a ver mujeres con marías saliendo del hotel donde en el vestíbulo hay una torda espectacular. Aunque ordinaria. Ir a ver mujeres con marías hacia Sol por la Carrera. Mujeres material para la glosa. Para la prosa. La prosa de ir. La prosa de ir a ver. Mujeres guapas. Que sean guapas. Pastel de Carne. Más allá de la belleza. Pastel de Carne. Como Sophia Loren, vicent. Más allá de la belleza. Como mi madre como Sophia Loren. Más allá de la belleza. En una playa se recortan en el sol. Más allá de la belleza. Como tu madre como Ava Gardner. Quiero decir, no estoy hablando de tu madre, no. Es una señora tu madre como Grace Kelly. Como Sophia Loren es una señora tu madre es una señora como Grace Kelly. Digo la madre de otro, otro cualquiera. Perdón. La costumbre de no distinguirme de ellas. De ser una de ellas. De no ser una de ellas. Ir a ver mujeres. Como escritores bien constituidos.

Como escritores bien dotados para beber en hoteles donde bebieron antes escritores bien dotados para beber en hoteles donde bebieron antes whisky escritores bien dotados para beber en hoteles whiskys e ir a ver mujeres. Ir a ver mujeres. Ir a ver mujeres. Ir a ver mujeres en vestíbulos de hoteles. Son ellas mismas ellas mismas son ellas mismas el precio a pagar. No piden rescate por amarlas entre coches cualquier sábado de noche. Hay que saber mirarlas. Hay que saber beber. Hay que saber mirarlas. Ya no sabéis beber. Como escritores bien. Ir a ver mujeres. Ir a ver mujeres. Ir a ver. No tordas. Ir a ver. Que sean hermosas. Hembrosas. Que sean hermosas. Como cuando se acercan con una toalla para secar nuestra jornada de mar e infancia. Es tan trabajosa la infancia de escritores bien constituidos en las mesas de postres de la infancia. La cultura y la educación se adquieren por inmersión, al final imaginas que Tolstoi o que John Ford son unos lejanos parientes que cualquier día encontrarás compartiendo postre. Con Tolstoi y con John Ford la infancia. Toda nuestra jornada de mar, alta literatura e infancia con Tolstoi y con John Ford. El mar es la infancia, la literatura es el mar y el mar es la infancia secada por mujeres que al borde de la postal con la toalla nos esperan. Pacientemente, sus brazos. Sus muslos, reverte, sus brazos. Su manera de dar lo que se espera que interpreten es el poder que se requiere ejercer en el momento. Su manera dulce de apartarse justo a tiempo de nuestra manera brusca de requerirlas a destiempo. Esa femineidad. Ya no hay esa femineidad. Ya no la hay. Ya no. Es que no hay ya esa femineidad que ya no hay, no existe, como no hay la literatura de hotel. Ya no hay mujeres. Literatura de hoteles. Ya no hay whisky. Ya no sabéis beber. Mujeres. Whiskys. Mujeres. Hoteles Palace. Ir a ver. Ya no hay hoteles. no hay ya femineidad. Ya no hay literatura. No hay ya mujeres. Un avión va a caer. Un avión va a caer. Un avión va a caerse y eres el único que no grita, reverte. Eres el único que no te ha leído y que no grita. Eres el último de una casta de escritores que no gritan. Eres el último de una casta de escritores que no gritan sino que aprietan los dientes y caen con su nombre entre los dientes. Y se estrellan. Como valientes bien constituidos. O, en su defecto, un abuelo vestido bien tradicional en un paseo de Benidorm o un ir a ver mujeres en la barra larga donde de noche se apostan los hombres apuestos a ver pasar. A no ver pasar. A ver las pasar. A ver las no pasar. Fantasmas. Mira que ir a morir. Mira que ir a morir en un avión lleno de gente que si no grita porque cae, aplaude porque aterriza, reverte. Esa manera de la gente de estropear la historia de la literatura. Mira que ir a morir en un avión de gente entre la gente. Mira que ir a aterrizar y esperar a tu maleta en la misma correa de maletas por la que una y otra vez circulan las maletas iguales de la gente. Esa manera, reverte, de morir entre un montón de despotenciados votantes potenciales de Podemos que podrían haber leído prosa de hoteles de mujeres sin haber comprendido nada de nada de tu manera de caer o aterrizar o recoger la maleta en la cinta de maletas y están ahí estropeando el cuadro de la desolación. De la depravación. De la femineidad. Mujeres estropeando cuadros estropeando la femineidad. Si las ves, te ven. Si te ven, las ves. Si no las ves, no te ven. Si las ves, no te ven. Si no las ves, te ven. Como Ava Gardner como Sophia Loren como Grace Kelly como Paul B. Preciado como Angela Davis como Beyoncé. Una mujer, la mujer. No una mujer, la mujer. Cualquier mujer, la mujer. Una mujer cualquiera. La curiosidad de una mujer. La mujer curiosa. Cualquiera

me gustaría ser una mujer

me gustaría ser una mujer

me gustaría ser una mujer

me gustaría ser una mujer
imaginando que fuera una mujer, entonces, como la mujer
que me gustaría ser, me gustaría no ser una mujer

me gustaría ser una mujer
imaginando que fuera la mujer que me gustaría no ser como
la mujer que me gustaría ser, entonces, como la mujer que
como la mujer que me gustaría ser me gustaría no ser, me
gustaría ser una mujer

no me gustaría un hombre ser
imaginando que fuera el hombre que no me gustaría ser, en-
tonces, como hombre ante otros hombres haría lo que no me
gustaría y a veces no haría lo que me gustaría hacer

no me gustaría un hombre ser
imaginando que no fuera el hombre que ser no me gustaría
como el hombre que no me gustaría ser, entonces, como el
hombre que como el hombre que no ser me gustaría no me
gustaría ser, no haría lo que no me gustaría y a veces sí haría
lo que me gustaría hacer

me gustaría no ser una mujer y no me gustaría un hombre ser
imaginando que fuera la mujer que me gustaría no ser como
el hombre que no me gustaría ser, entonces, como la mujer
que como el hombre que no me gustaría ser me gustaría no
ser, no haría lo que no me gustaría y a veces sí haría lo que
me gustaría hacer

no me gustaría un hombre ser y me gustaría no ser una mujer
imaginando que no fuera el hombre que ser no me gustaría
como la mujer que me gustaría no ser, entonces, como el
hombre que como la mujer que no ser me gustaría no me
gustaría ser, me gustaría ser una mujer

me gustaría ser una mujer

me gustaría ser una mujer

Bajo las matas
En los pajonales
Sobre los puentes
En los canales
Hay Cadáveres

En la trilla de un tren que nunca se detiene
En la estela de un barco que naufraga
En una olilla, que se desvanece
En los muelles los apeaderos los trampolines los malecones
Hay Cadáveres

En las redes de los pescadores
En el tropiezo de los cangrejales
En la del pelo que se toma
Con un prendedorcito descolgado
Hay Cadáveres

...

Néstor Perlonguer, *Cadáveres*, 1981

Orientada a Perlongher

bajo las tapas

en las cunetas

sobre los muros

en la meseta

hay cadáver

bajo el estadio

en las recetas

entre las líneas

en las macetas

hay cadáver

bajo las formas
en las crucetas
entre las frases
en las secretas
hay cadáver

en el en caso de emergencia tire de la palanca
de un metro que nunca se detiene
en la estela de error que deja un tren que descarrile
en una brisilla, que se desazona
en los guardamuebles los apartamientos los entrampamientos
los maletines y maletones
hay cadáver

en el networkin de los gestores
en el tramoyeo de los proyectores
en el de la camisa que se prende
con un gemelito que se comprende a la de
perlita de pendiente
hay cadáver

precisamente ahí, y en esa risa
del que deshueva, y desova savia nueva de nuevas
        generaciones
en ese fingimiento del que no compensa que se emita, y
en el desprecio del que no se sepa que no sabe, acaso
en el que no se sabe que se hizo o que se hubiera
hecho de haber estado allí
hay cadáver

en el palacio del rey y de la reina y en el del exrey
        y de la exreina
en la casa del presidente y de la presidenta y en el chalet
del expresidente y de la expresidenta
en sus cuartos separados y en sus connotaciones,
        reservados y privados
en las sedes del partido y la partida
en la oficina del notario y la notaria
en la madriguera del lagarto y la lagarta
y en su anillito de bodas de rata
hay cadáver

en las verjas verjuradas de piel a grilla por conciertos
           de cuchilla
al fondo de un país al frente de otro si en medio algún islote
en los hondos de la cuenca del mare vostrum
en las cunetas en las cunitas en las caretas
en las fosas de las conversaciones super tranquilas
en que se afirma que no hay las mismas fosas
sino que hay grises y matices
hay cadáver

embargo, en la lengüecita de ese trilero que se asocia
           en evidencia con la bola falsa de
la manga, en la hebillita del cinturón que se desata sin no
           no querer, en el puesto,
puestos arriba de esa ebriedad que desespera, como
promesa, y, no obstante, en ese e... que, cómo se dice?
e... de quién?, de qué? más, muy, más
Por Todo
Antetodo
hay cadáver

en el temblor de la que se desnuda, felizmente,
en humedales de la que se despierta entre esa yerba,
invencible del olor del que las que no se cubren
con más nada o la camisa y en culpable de
morales y zarzales y tormentos anteriores, mundos
pasados como monjas vivas de las que
–y es triste que– no
hay cadáver

apenas no se ven, se las destroza divisadas muertas
            remando ensangra: en todas
las partes feminizadas de la femineidad, mismamente;
            en la especie mujer
del correctivo de varón de la ennoviada, que no
lo deja porque su hombre en verdad la.............!
hay cadáver

en ese escapatorio, en la calladura
de ese cobardica, en el arreglo
de neutral de ese pelota de mierda, la efe de esa
orfandad, la beta de subalternidad, en esa
transparencia neoprenal
hay cadáver

está a pleno: en los frasquitos a fuego de hybris con que
los dioses confunden a sus humanos, en los
confíos de las chicas que dejan que se les amanezca en los
            portales, como
a la vista, sin la braguita puesta; en la humildad de las
            balsitas
velas, que se amilanan al batimiento de
de   los   de
hay cadaver
corpus cristos ecces homos de
rrames corridos aho gados go ha dados saltados de bal
cones malhadados mal hallados al envés recallados baleados

....

no hay cadáveres
hay Ayotzinapa, «Mínimo tengo donde llorarle, sé
dónde está», «ya no está aquí, en este mundo»
«de todo esto ojalá venga algo
bueno»

Orientada a Stein reúne algunos de los textos que he escrito más influida por la obra de una escritora cuyo lenguaje siento contiene la poesía que contiene el lenguaje, y de Helmut Heissenbütel, uno de lxs numerosxs poetas que la siguieron en el siglo:

13 – «soñé que era alumna de Fran MM Cabeza de Vaca», poema de *Salitre*, Segovia: La uÑa RoTa, 2019; Buenos Aires: Slimbook, 2021.

14 – fragmento de «Un mundo aprox.», *Hacía un ruido. Frases para un film político*, Valencia: Contrabando, 2016.

17 – fragmento de «Una historia de España», *Hacía un ruido*, 2016.

21 – «Lo siento mucho», 2019, inédito. Texto compuesto a partir de mi traducción de algunas frases de «Listening to yourself», una transcripción de Lawrence Abu Hamdan en *The White Review Anthology* (London, 2017) que me enseñó la artista Ana Martínez.

25 – fragmento de «Ciclón/anticiclón 2011/2015», *Hacía un ruido,* 2016.

26 – fragmento de «Una figura de un pueblo», *Hacía un ruido,* 2016.

29 – fragmento de «Un mundo aprox.», *Hacía un ruido,* 2016.

33 – «Incluso si ella era una ella estaba cambiando», traducción libre del segundo y tercer párrafo de *Orta or One dancing* de Gertrude Stein (ca. 1911-12), leída por primera vez en la performance el mismo nombre presentada en el *Poético festival 2011 poetas por km2* (Casa de América, Madrid, 2011) y publicada en la revista y archivo de poesía contemporánea https://tapin2.org/. El audio del texto fue expuesto en relación con una pieza de Irati Inoriza en *With(in), With(out) me* (Sala Rekalde, Bilbao, 2020) y también suena dentro de *Envoltura. Historia y síncope*, conferencia performativa y libro de Isabel de Naverán (Caniche, Madrid, 2021; Varamo press, Brussels & Oslo, 2024).

35 – «reverte», *Hacía un ruido*, 2016.

39 – «Variation 1», fragmento de la performance *Die 1, die eine 3 wurde. 2 Variationen über Helmut Heißenbüttels «Der Mann der lesbisch wurde»*, producida para la exposición *50 Jahre nach 50 Jahre Bauhaus*, comisariada por Iris Dressler y Hans D. Christ, Württembergisher Kunstverein Stuttgart, 14/09/2018. Texto y partitura completos de la performance publicados en el catálogo editado por WKV Stuttgart y Spector Books, Leipzig, 2022.

43 – *Orientada a Perlongher* – «Cadáver», calco de fragmentos de *Cadáveres* de Néstor Perlongher (1981), *Hacía un ruido*, 2016.

Los textos de *Hacía un ruido* están hechos a partir de la recolección y montaje de frases propias y frases oídas, leídas o vistas de, entre otrxs: Esther Ferrer, un chico en la radio, Íñigo Errejón, José Pérez Estévez, Ángeles Salgado, María Espada, *Smash: Manifiesto de lo borde* (1969), Paul B. Preciado, Lord Acton, Jaume Asens, Ezra Pound, Arturo Pérez Reverte, Manuel Vicent, Javier Marías, Leila Guerriero y Gustavo Grobocopatel, Miguel Benasayag, Michael Winterbottom: *In this world* (2002), la esposa de Julio César Fuentes Mondragón, uno de los normalistas asesinados en Ayotzinapa...

13, **14**, **17**, **21**, **33**, **35** y **39** forman parte del solo también llamado *Orientada a Stein* y que a su vez incluye mi performance *Let her try / Deja a ella probar. 1 fragmento de Patriarchal poetry de Gertrude Stein* (2015), cuya partitura y texto están inéditos. Una u otra pieza han sido presentadas en POEX, Santiago de Chile (2024); Teatro Miriñaque, Santander (2024); Poesia i +, Caldes d'Estrac (2024); Nocturama, Barcelona (2024); TEA, Santa Cruz de Tenerife (2023), Museo Reina Sofía, Madrid (2023); ZAS Kultur, Vitoria (2022); Casa del lago, Ciudad de México, online (2020), Azkuna Zentroa, Bilbao (2018); Matadero de Madrid (2016); Sala El Sol, Madrid (2016); Dados Negros, Villanueva de los Infantes (2015); y en el Arts Santa Mònica, Barcelona, el 4 de abril de 2024, día en que por primera vez se presentó esta plaquette.

© Alessia Bomabici, 2022

María Salgado (Madrid, 1984) combina la escritura y la performance en la búsqueda de una poesía que haga sonido el presente y que reconecte con el mundo y el deseo, con el deseo de mundo. Ha publicado los libros de poesía *ferias* (CEP José Hierro, S.S. Reyes, 2007), *31 poemas* (Puerta del Mar, Málaga, 2010; Ediciones Danke, Rosario, 2016), *ready* (Arrebato, Madrid, 2012; Club Hem, La Plata, 2017), *Hacía un ruido. Frases para un film político* (Contrabando, Valencia, 2015), *Salitre* (La uÑa RoTa, Segovia, 2019; Slimbook, Buenos Aires, 2021), *Rekord* y *Sale* (Contrabando, Valencia, 2023), y el ensayo *El Momento analírico* (Akal, Madrid, 2023); además de realizar solo performances como *De lengua Trois (three) pieces* (MAC Montreal, 2019), *Die 1, die eine 3 wurde* (WKV Stuttgart, 2018), *Lírica / 3* (MACBA, 2017) o *Let her try / Deja a ella probar* (Sala El Sol, 2016) y obras escénicas como la trilogía *Jinete Último Reino*, creada con el compositor Fran MM Cabeza de Vaca y estrenada en Teatros del Canal en el 39 Festival de Otoño (2021). Doctora en Teoría de la Literatura en la UAM, se formó también en Buenos Aires y Philadelphia, pero sobre todo en el Seminario Euraca, un colectivo de pensamiento sobre lenguas y crisis, en activo en Madrid desde 2012.

Las letras se bailan y se beben. Las letras se ríen y se lloran. Las letras se perrean hasta el suelo y se elevan hasta el cielo. Las letras se disfrutan y se discuten con amor. Las letras se dicen todas las que quieras y las que no, las aspiras. Las letras son de maricas y de bolleras, de guapas y de feas y de tu género y del mío. Las letras son y no son. Las letras se performan, se habitan, se gozan y, a veces, se escriben. Las letras las lees o te las comes (o te las f*llas). Las letras brillan y dan sombra. Las letras somos todas.